이제, 울지 않으렵니다

이제, 울지 않으렵니다

전미야 시집

도서출판 국보

시집을 내면서

남편 떠나보내고 마음 둘 곳 없어 세상과의 문을 닫고 비 오지 않아도 비에 젖어 살았으며, 내 안에는 늘 어둠이었습니다. 함께 가지 못해 혼자만 떠난 길, 아픔에 하루를 견뎌보려고 쓴 낙서라서 내 마음 자리에 '사랑'이라는 이름을 붙여 곱게 간직하려고 하였는데, 고마운 지인들의 권유로 용기 내어 시집을 출간하게 되었습니다.

많이 부족한 글, 산고의 아픔으로 발가벗은 채 세상에 나왔으니 튼실하게 자라도록 한 페이지 한 페이지에 고운 눈길 머물러 주시어 부끄러운 자국에 사랑을 채워주시기 바랍니다.

글이라는 고난의 길을 포기하지 않고 걸을 수 있었던 건 든든한 가족의 울타리와 친구의 고운 우정이 있었기 때문입니다.

한 편의 글을 써 놓으면 친구는 "시가 참 좋다."며 용기를 주었고, 힘들어하면 언제나 내 편이 되어 토닥거려 주었기에, 이 지면을 통해 사랑하는 가족과 고운 우정의 친구에게 사랑을 담아 고맙다는 말 전합니다.

남은 날은 어둠의 늪에서 나와 가슴에서 울리는 진솔한 삶의 향기로 독자의 마음을 훔칠 수 있도록 노력하는 시인이 되렵니다.

2008년 초겨울 多仁 全美也

차례

2 하늘은 좋겠다

3 그대 떠난 빈자리

4 내안의 자유

5 이제는 나 울지 않으렵니다

1

가을 그리움

아침 창을 여니
가로수는 넘실거리고
세상은 살아서 숨을 쉰다

거기엔 흐림도
비도 맑음도 섞였으니
내 흐린 세상도 보폭을 맞추어
조화롭게 세월을 굴러간다.

가을 그리움

소슬바람
산자락을 내려오면
님 그리워 먼 산을 가슴에 넣는다

물빛처럼 푸른 하늘
뭉게구름 배 띄워 하늘 유영游泳하고
야위어진 억새 서걱이며
가을 속을 춤사위 하니

허수아비 빈 가슴
그리움 앓이에 떨어질 듯 붙어 있는
추억의 편린 부여잡고
어두운 밤을 머리에 이고 지새우니

그리운 이여
이제는 이토록 절절하게 오지 말고
바늘 쌈 세운 아픔 숨겨
연보라 빛 미소 짓게

아름다웠던
장밋빛 기억으로만 오소서!

이정표 없는 길

늦은 밤
그리움 바라보며
둘이 되어 걷는다

달은 검은 실루엣 걸치고
속삭이듯 흔들거리며 유인誘引하니
나는 한 발짝 한 발짝
달 뒤에 숨은 그리움을 따른다

다가서려면 멀어지고
뛰어가면 달음질하며
꼭 그만큼의 거리로
손짓하는 매정함

이정표 없는 길 위에
아슴아슴 한 기억 붙들고
보고 싶어 불러도
밤 공기 흔드는 메아리만 들릴 뿐

함께 갈 수 없어 하나만 떠난 길
이 밤
붙잡을 수 없는 그리움에
방울방울 이슬을 매단다

또 나를 찾느냐

또 나를 찾느냐
잊으려 그토록 혹독하게
열병으로
가슴 다 태우며
힘들게 보내었는데

이 가을
날 찾아온단 말이냐

그 그리움
진저리치도록
울고 울며
다 보내었는데
뭐가 남았다고
또 나를 찾느냐

이젠 둘이 되어

갈바람은
여름을 밀어내고
나뭇잎 붉으락푸르락 물들이면
그리움 살포시 다가온다

매미 울음 멈추고
귀뚜라미 적막을 흔드는 밤
시간 속 고요에 멈춰
마음으로 그대를 맞으니

가슴 저린 그리움
방안을 가득 채웠지만
연보랏빛 환상은
허무의 그림자뿐

잊는다고
망각의 관에 꽁꽁 묻었는데
가을은 빗장 열어
그리움 앞세우고 살랑살랑 찾아드니

이제는 아픔이어도 좋으니
하나보다 둘이 되어
살아가련다

상념의 텃밭

8월의 아침
초록이 익은 싱그러움에 들떠
산책을 나서니

하늘은 잠을 설쳤는지
희뿌연 얼굴 퉁퉁 부어 있고
오뉴월 땡볕에 크다 만 코스모스
여리디 여린 얼굴 살포시 내민다

시간의 소용돌이 속에서
등 휘어진 코스모스는 더 잃을 것 없는데
나비 되어 심장 팔랑이며
밤새 울다 지쳐 청초한 얼굴
찬 이슬 매달지만

아파 힘들어도
드러내지 못한 아픔 안으로 삭히니
매미도 안타까워
진저리치도록 서럽게 우는

아침 둑길은
무수한 상념의 텃밭…….

가을이 오는 길목

푸른 산정을
붓끝으로 붉게 덧칠하며
아기 걸음으로
산 밑을 내려온다

가을이 오는 길목마다
그리움 동행하니
뼛속 시린 아림은
그림자처럼 숨어들고

손 놓아버린 그날은
시간의 썰매 타고 세월 속을 숨으니
엷어진 기억 안타까워
애써 가슴으로 붙든다

그가 안겨준 마음은
깊고 깊은 산골 옹달샘 맑음이었고
내게 해주던 한 마디 한 마디는
심장에서 두레박질한 참 마음이기에

그 향香 그리워

삶에 지친 얼룩
지우개로 말갛게 지워

아장아장 데려온
아릿한 그리움
빈 마음에 가득 채우련다

메밀꽃

가을빛 고운 들녘
소박한 메밀꽃은
수줍은 듯 은은한 향으로
가을을 노래한다

시퍼렇게 날 세운 하늘빛 아래
파란 치마 하얀 저고리 입고
순결한 여인되어
그리움 토하니

소복소복 쌓인 그리움은
갈바람에 꽃잎 흩날리며
자지러질 듯 헛웃음 풀어
나풀나풀 춤을 춘다

서러운 메밀꽃은
하늘 더 파랗게 물들이고
세월의 덧없음에
하얀 미소 짓는다

빈자리

네모진 방
짐 하나 던져 놓은 듯
숨을 쉬니 살아있다

눈은 감기고
손도 발도 쇠뭉치를 달았는지
꿈적거릴 수 없고

아들 며느리
손자도 다 떠난 텅 빈 공간
찬바람 휘감는다

집안은
어두운 그림자 넘실거리고
적막의 고요 속에 오열嗚咽은
밤공기를 메우니

휘영청 둥근 달은
울지마라 울지마라 다독이고
갈바람은 함께 울어

너도 울고
나도 울어
긴 밤 눈물로 새운다

들국화

밤마다
함초롬히 이슬 머금고
바위틈에 외로이 피어
가는 세월 서러워 노래하네

찬 서리 내린
가을 산 베고 누워
여리디 여린 뺨
밤이슬 시려서 눈물지니

가는 계절
옹이진 가슴 열어
어린 꽃잎 떼어 물고

한 잎 두 잎 흩뿌리며
눈물로 세월 속을 숨는다

가슴앓이

거리를 나서면
어느새 말라버린 나뭇잎은
사르락이며 길바닥에 나뒹군다

길섶 가로수는
무성했던 진록을 익히어
눈물로 한 잎 한 잎 떨궈내니
내 마음을 밟히는 듯 아려지네

세월의 더께 둘러쓰고
보내고 떠나는 가슴앓이
가슴 이랑 사이사이 한숨 저미어
회한에 사무치지만

아린 가슴 달래고 토닥거려
계절의 오고 감에
웃음으로 맞으리

여명

당신 그리워
잠 못 드는 밤

수많은 상념은
어둠에 줄을 서고
알갱이 없는 빈 가슴엔
그리움만 채운다

이토록 그립고
이토록 보고 픈 데
당신은 멀고 먼 어둠 저편에 숨어
갈바람에 그리움만 얹혀 보내니

밤새
심연에 재워둔 숱한 사연
수없이 쓰고 지우다
여명은 찾아들고

또 다른 하루는
햇살을 머리에 이고
창을 두드린다

코스모스 향연

쪽빛 하늘 아래
얼싸안고 춤추는 꽃잎은
가을 들녘을
꽃물결로 출렁인다

넓디넓은 들녘
알알이 영근 벼 이삭 자취 감추고
연지 곤지 찍은 코스모스는
깊어가는 가을 아름답게 물들이니

길을 메운 구경꾼은
추억의 책갈피에
오늘을 곱게 새겨 두고

세월의 뒤안길에서
이 가을 그리워
노래하리.

그림자

달빛 시린 창가에 앉아
희미한 그리움 붙드는 밤이면
여민 마음은
추억의 뜰을 서성인다

함께이던 날
뼈를 깎는 아픔도
서로 토닥이며
흐린 세상 건넜는데

이 밤 그림자라도 좋으니
손 맞잡고 고개 끄덕여 주면 좋으련만
그 넓은 가슴 어디에 숨겨두고
그리움만 찾아드는지

머물다 흩어지는 기억 속엔
허무도
그리움도
키만 키우니

달빛 고운 밤
밤새 그리움 찾아 별만 헤이다가
여명이 찾아드니
또 다른 하루는 가슴을 짓누른다

10월의 마지막 밤

길을 나서면
말라버린 낙엽
시멘트 바닥을 뒹군다

여기저기
가슴 헤집는
시월의 마지막 밤 노래
울려 퍼지고

붉다만 느티나무 잎은
한 줌 미련을 떨치지 못하여
나를 붙잡는다

가을 가면
매서운 칼바람 찾을 터인데
어이 견디라고
가을은 바쁘게 숨는지.

텅 빈 허무

아침 눈을 뜨니
창틈을 비집고
갈바람이 달려든다

무엇을 놓아버린 듯
헛헛함에 팔 벌려 와락 끌어안지만
품에 안기는 건 텅 빈 허무뿐

당신이 훑고 간 빈자리는
시린 아픔 똬리를 트는데
이 가을
그 자리에 무엇으로 채울까나

이렇게 힘들고
이렇게 아플 줄 알았다면
차라리 내가 먼저 떠날 것을……

가을 산

곱게 물들인 가을 산
한겹 두겹 옷 벗고
북풍한설 두려워
세월 속에 쉼 하려 하네

계절 가도
봄이 오면 고운 새순 틔워
예쁜 꽃잎 매달고
콧노래 부를 터이지만

내 사랑은
그 시간 속에서
꽃 피울 수도
건너뛸 수도 없으니

그리움
어이 하리

2
하늘은 좋겠다

누운 채 창가 화분을 살피니
녹색 작은 잎마저 졸고 있는데
엷은 햇살 한 움 큼만
창문을 비집고 들어왔다

아! 햇살이 친구 해주러 왔구나
눈 비비며 마루를 두리번거리니
그 어느 누구도 없다.

하늘은 좋겠다

회색 옷 입은 하늘
간밤에 무슨 일 있었는지
찌푸린 얼굴로 내려앉아
이슬을 매단다

우리네 삶이란
참고 참으며 인고忍苦의 세월 보내건만
하늘은 카멜레온 되어 맘대로 할 수 있으니
하늘은 좋겠다

화나면 우레 같은 호통도 치고
서러우면 통곡도 하고
세상이 싫으면 부숴버리기도 할 수 있으니
하늘은 좋겠다

누군가 그리운 날이면 달도 그리고
고요를 만들어 사색하는
가슴이 시리면 뜨거운 해를 그려 데울 수 있으니
하늘은 좋겠다

즐거우면

산들바람 만들어 부채질하며 노래 부르고
오색영롱한 별을 수놓아
초롱초롱 꿈을 심을 수 있으니

맘대로 할 수 있는
하늘은 참 좋겠다

다향茶香

내 창에 걸린 하늘!
우유를 풀어놓은 듯
파랑도 하양도 아닌
아지랑이 쪽빛 하늘을 유영游泳하고

봄바람은 겨울을 밀어내지만
꽃가지는 시린 듯 움츠린 한나절
따분함을 다향茶香으로 지우려
명상음악을 산책하며 다구를 안는다

숙우에 물은 다관을 데우고
푸릇한 찻물 흐름을 타고
숨을 죽여 차종으로 내려앉아
고요 속에 은은한 녹 향을 채우니

코는 향香을
혀끝은 맛을 음미吟味하고
사색에 잠겨 오늘을 거르니
찻물 위에 긴 한숨 가라앉는다

맘 안에 잦아드는 그리움
심지 되어 버티던 아픔까지
차종에 피어나는 녹 향으로 정화되어

깊은 산골 맑음이
고요 속으로 한 땀 한 땀
펴져간다

남강

남강
촉석루를 베고 누워
유유히 흐르며
세월을 삼킨다

논개의 혼을 담은
단아한 여인의 자태로
삭풍 찬 서릿발에도
한길로만 흐른다

멈춰버린 시간
드러내지 못한 아픔 안으로 토하니
맑디맑은 물밑은 멍으로 얼룩져
푸른 가슴 강 물들이고,

흐르는 물 따라
세월을 노 젓는 황포돛배는
눈물로 물살을 가르니
그리움은 나를 유인하여
우리만의 섬으로 데려간다

명사십리明沙十里

쪽빛 겨울 바다
은빛으로 촘촘히 수를 놓고

하얀으로 모래에 분 바르니
그 아름다움 어디에 비기리

저 많은
남도의 섬은 어디에 숨겨두고
한 폭의 수채화만 그리고
포구엔 몽돌로 얼기설기 멋 부리니
고운 자태 극에 달한다

겨울 명사십리明沙十里
그리움 한恨 맺힌 반가움에
한 달음 달려 임 마중 나와

짓궂은 입맞춤하고
그대 품에 안기려 가슴 연다

내 임
미련 두지 않고 썰물 되어 떠나니
명사십리明沙十里에
하얀 그리움만 남는다

둥지의 밤

햇볕 가린 둥지
어둠이 싫어 문을 열었더니
밝은 햇살 한줄기
찾아든다

칙칙함이 싫어
동동거리며 청소하니
그 자리엔 파랑이 똬리를 틀어
모락모락 시향詩香을 피운다

입도 귀도 없는
햇볕마저 숨어버린 미로 속엔
반딧불을 수북이 물어 놓고
여름밤을 아름답게 수놓으니

둥지의 밤은
비발디 연주의 콘서트에
어둠 기지개를 켜고

아련히
여울 속으로
깊어만 간다

잠든 대평리

갈바람 따라나선 대평리
구불구불 실타래 길에 늘어선 배롱나무는
8월의 호반도로를 한껏 멋 부리니
우리는 풍광에 취한다

햇살 담은 호수엔
은빛 반짝이 넘실대고
습지 고사목 몇 그루는
옛 마을임을 알리는 깃발

내 님이 꿈을 심던 앞뒤 동산은
외로운 섬이 되어 침묵으로 서 있고
밭 작으로 기름진 부촌은 전설만 남긴 채
눈을 감았다

다복했던 그날도
파란 꿈을 줍던 아이도 세월 속에 묻혀버리니
물 위로 고개 내민 왕버들은
서러워 더 파랗게 물들이고

대평리의 전설은
호반의 물결에 여울져
영원히 살아 숨 쉬리

동심

어린 시절
아름다운 자연에서
꿈을 키우던 고향

몽당치마에
신발 들고 개울 건너던 징검다리며
엄마 찾아 나섰던 기다란 방죽엔
패랭이꽃 지천이었고

밭두렁에는
노랑 배추꽃 청초한 미소 지으면
흰나비 노랑나비 친구 되어
봄 하늘에 팔랑팔랑 춤사위 벌였지

깊은 밤
앞산에 부엉이는 목청을 가다듬어 밤공기 흔들고
마루 밑 바둑이는 뒤질세라 응대하며
짖어대던 내 고향집

세월이 흐르고
마음은 멀리 떨어져서

봄이 되면 따뜻한 추억이 그리워

동심을 손에 넣고
행복한 미소 짓는다

아름다운 고향

내 고향은
지금도 그대로일까
버들강아지 잘근거리며 푸른 입술 물들이고
찔레로 봄 향을 입 안 가득 채웠었지

졸졸 물 흐르는 냇가엔
송사리 은빛 비늘로 여울을 수놓고
다슬기는 돌에 붙어 꼼지락거리던
고운 시간 속의 언어들

방죽엔
햇볕 좋아 껑충이던 송아지
꼬맹이랑 어우러져 술래잡기하던
추억의 산실인 그 곳

아낙의 손은
김매기에 바빠지고
농부 밭갈이로 워워 고함지르던
내 고향의 봄은 그대로인지

시냇가 징검다리엔
지금도 아지랑이 걸터앉아
봄노래 부르는지?

두더지

빛을 가린 구석지방
턱을 괴고 무념에 빠져
먹는 것도 잊은 채
시간을 지우개로 지운다

바깥세상은
꽃바람 살랑이고
연지 찍고 분 바른 봄은 향연을 벌이는데
깊은 심연에 가둬 둔 그리움이 빗장을 연다

무엇이 두렵고
무엇이 서러운지도 모르는
여리디 여린 마음 풀잎 되어
그리움에 이슬을 매단다

산골 한나절

작은 오두막
염소 마당에 노닐고
진돗개 햇볕 바라기 하는
한가한 산골의 한나절

곰살궂은 친구 곳간 되어
이것 줄까? 저것 줄까?
좋아서 헤벌레
한가득 퍼주려 한다네

질그릇에
무김치 소복 담아
집게손으로 입에 넣으니
아삭아삭 행복 번져
또르르 웃음 구른다네

다붓한 우리 사이
바라만 봐도
짧은 통화에도
축축한 맘 훔쳐보니

너와 나
훈훈한 정 나누는
쉼 벗이라네

신기루

삶
살면서 행복한 날 얼마이었을까
함께 살아온 날 그때는 몰랐는데
세월 흐른 후에야 행복인 줄 알고
그리워하며 살아간다

그때도
태산을 짊어지고
땀 흘리며 힘들어 하였지만
지금 뒤돌아보니 지난날은 장밋빛이며
웃음 속에 유희하였으니

행복은
먼 데만 있는 신기루
채워도 채워도 만족이 없는
세월 지나 놓아버린 허무에 뼈를 깎지만
되돌릴 수 없는 그리움!

안개 바다

아침 산책 길
밤새 세상을 삼켜버린 안개 바다는
회색 융단 깔아
넘실댄다

길섶엔
이슬이고 선 들풀
밤새 울어 진땀으로 범벅된
후줄근한 키다리 갓 꽃

토하지 못한 서러움
얼마나 많아
한恨은 안개를 피워
회색 차일을 치는지

해님은 불 지펴
모락모락 연기 피우니
회색빛 바다는 한 겹 한 겹 옷 벗어
긴 어둠에서 풀려나고

숨을 죽이고 서 있는 검은 나무는
천천히 생명을 불어넣어
세상을 분홍으로
칠한다

우리의 우정友情

우리 함께한
10년…….

그동안 웃고 재잘거리며
품어온 유정有情의 세월

잘난 사람 별난 사람도 없는
뚝배기 같은 고만고만한 마음들

만나면 즐겁고 마냥 아이 되어
발언권發言權 얻어야 끼어들어
수다에 배를 잡고

머리엔 하얗게 칠하고
얼굴엔 멋대로 스케치한
미운 세월이지만

만나면
또르르 웃음 구르니
그동안 만들어 온 우정友情
삼킨들 어떠리

중년의 자리

쪽빛 바다!
춤추다 흩뿌려지는
은빛 물보라는
수평선을 타고 넘실댄다

먼 산 잔설殘雪은
계곡에 수묵화를 그려
파란 마음에
또박또박 추억을 새겨 넣어

설렘으로 떠난 여행
아름다운 그림이 되고
중년의 허무에 즐거움 채워
먼 훗날 일기장에
꿈을 담는다

자글자글한 웃음은
추하지도 밉지도 않은 시간을
아름답게 물들인 우정
영원하리…….

네 여인

검푸른 동해
하얗게 부서지는 파도소리
고기잡이배는 햇볕에 졸고
기러기는 오는 봄도 모른 채
끼룩끼룩 외로움 토한다

먼 길 달려간 영덕
대게는 수족관에 누워
브랜드로 몸값 부풀리고
겁 없이 달려들어
물 좋은 걸 흥정하는 여인

중년이란 허무에 쫓기어
오늘만 생각하자는
서글픈 맘 포개어
잠은 미뤄두고 다음을 약속하고
즐기는 네 여인

동해 7번국도
푸른 물감 풀어놓은 망망대해
동해의 봄은 아직도 멀고

차는 신음을 내며 기어가고
우린 바다를 눈에 담는다

깔깔거리는 여인들
웃음 풀어 허한 맘 감추지만
들켜버린 외로움 풀어

아름다운 우정 키우며
즐겁게 살자 다짐한다

마니아의 여행

연록이 곱게 치장한 4월
마니아들의 여행은 보랏빛
긴 여운으로 물든다

만년설이 병풍을 두르고
민들레가 초원을 수놓은 그림 같은 호텔에서
12일의 여정이 아쉬워 와인 잔을 정겹게 나누던
독일 인스브루크의 밤

바쁘고 힘겹게 달려왔던 시간 속에서
고운 마음 만나 서로들 행복해 하며
어디든 함께 하자 다짐했던 세 팀

캐나다로 서울로 지방으로
먼 먼 거리는 조율이 어려워
소식만 날아다니다가
먼지 뽀얀 추억이 되었는데

잠들었던 우정은
강산을 반으로 분지른 오늘
수화기로 걸어 나와

나를 흔들어 깨워
검은 대륙으로 떠나자는
상큼한 소식은 아로마 향으로 여울지니

동행이란 부푼 꿈은
가슴에 파란 풍선을 매달고

지도를 펴고
지구를 돌고 돈다

3
그대 떠난 빈자리

밤을 지나
새벽으로 가는 시간

꿈길 같은 희미한 추억이 어른거려
알갱이 없는 허수아비는

그리움만 써 놓고
그만, 울어버린다

그대 떠난 빈자리

그가 보고 싶어
허공을 올려다보는 버릇도
멀리 창밖 보며
눈물 삼키던 날들도
이젠 조금씩 조금씩 줄어 간다

잠들 때도
불을 끄고 잘 수 있고
속옷으로 잠들 수 있어
이러 듯 세월 가면
잊히고 무뎌 가게 되는 건지

아~ 벌써 3년
어제 같은 그날들이
365일을 세 번이나 넘겼으니
이제는 그와 함께 했던 날들을
속절없이 세월 속에 묻는구나

색 바랜 세월

보고 싶어
그리워하는 밤

가물거리는
너와 나의 추억

끈 놓지 않으려 목은 쉬고
알지 못할 미로 속을 헤매인다

잠은 먼 여행을 떠난
알갱이 없는 빈집

사각사각 넘기는 책장 속에
시린 그리움만 채운다

보고픈 얼굴
손 만지고 얼굴 더듬으며
웃는 당신 그려놓고

색 바랜 세월 앞에
조각조각
그리움 쌓는다

내 사랑 오는 날

내 사랑
손 헤아리며 기다린 그리움
온다니 버선발로 마중 갈까
음식은 어떤 걸 준비할까

당신 떠나기 전 마셨던 식혜도 준비하고
큼직한 생선에 나물은 다섯 가지로
아니 무얼 더 준비하며
어떤 걸 좋아했었는지

당신도
만남 기다리며
지금쯤 옷도 신발도 손질하고
이발하고 수염도 만지는지

당신 그대로일 텐데
난 할머니 되었으니 실망하면 무어라 말할까
작년에 왔던 집 그대로인데
허둥지둥 들어오다 낯설어하지 않을지

긴 긴 날
힘듦을 핑계로 자학하며
구겨져 버텨온 나더러
추하다고 실망하면 어이하리

내 사랑 만나는 날
꽃단장으로 세월 숨겨
그날처럼 배시시 웃으며
화알짝 웃게 해주리라

커피 향에 젖어드는 그리움

의자에 묻혀
그와 마시던 커피를 입술에 대며
그가 달려올 것 같아
창문을 본다

잔을 부딪치며
까르르 웃던 웃음 그리워
은은한 블루마운틴 향에
얼굴을 묻는다

부드러운 미소
따뜻한 속삭임도
이젠 내 곁에 없음에
지우려

입술에 커피를 대며
그와 사랑하던 시간처럼
혀끝으로 천천히
음미한다

야위어진 마음

잠 못 이루는 밤
고독보다 무서운 그리움
영원할 줄 알았던 우리의 인연
사랑한 죄뿐인데
왜, 갈라놓았지

야위어진 마음
보고 푸고 보고파서
그리움에 가슴 헤집는 아픔
당신 아픈 날에 비하면
이 아픔 사치이련만

마음 둘 곳 없어
그리움 허공을 가르고
밤새 눈물지던 눈 움푹 패여
십리를 들어가니

이럴 줄 알았다면
그리움마저 다 가져가지

편한 세상 살고 싶다

살면서 감추고
덮어야 하는 일 없어
그냥, 편하게
오늘을 살 수 있을지

마음의 빗장 열어
서로 넘나들며 도란거리고
혼자라고 주눅 들지도
아파하지도 않는

아직은
마음 속 얼음 뭉쳐 있지만
호호 하하 웃으며
살맛나는 세상 살고 싶다

잿빛 그리움

글을 쓰려
머리 청소하지만
깊은 상념은
맨발로 동구 밖에 서 있고

머릿속
책갈피엔 희뿌연 안개뿐
가슴 답답하여라

글은 접어두고
창밖 어둠에 눈 던진 채
미로 속을 줄타기 하니

애꿎은 그리움 달려들어
날 성가시게 한다

유예 없는 사랑
잿빛 그을린 모퉁이마다
흐물흐물 아지랑이 되어
그리움 유희하니

세월은 흘러도
그리움 끝없어라

허무의 늪

지난 시간 그리워
허공 속에 눈물지며
낯선 창밖 풍경 두려워
당신을 부른다

세월 가도
더 또렷해지는
우리들의 시간은
어둠 속에 그리움만 키우고

얼마나 지나야
편하게 보낼 수 있을지
추억의 조각 맞춤에
보고 싶어 넋을 잃는다

허무한 시간
되돌릴 수 없어
눈 속에
당신을 살며시 담는다

내 안에 너

아침이 시작되고
하루가 끝나는 밤이면
텅 빈 집은 더 넓어진다

그런 날이면
고요가 아닌
삶에 부대끼는
시끌벅적한 목소리도 부럽고
둘러앉은 식탁도 그립다

눈뜰 때도
밥 먹을 때도
아플 때도
행복할 때도 생각나는
익숙한 그리움이 생각나서

빈 여백에
함께 했던 날 그려 넣고
보고 싶다고 써 두었더니

마음 안에는 비가 내려
방안을 흥건히 적신다

놓아 주려 해도
내 가슴 안에 사는 사람
세월 가다가다가 힘들면
가슴 열어
내 이렇게 힘들다고

응석 부리고
고자질도 하며
사르련다

어제 같은 마음

상처로
얼룩진 가슴

아픈 가슴앓이는
왜 떨쳐버리지 못하는지

그리움이 고파
올올이 엮은 보고픔은
아무리 잊으려 해도 잊지를 못해

밤마다
내 임 마중 나서는

어이해
이렇게 못 잊어 하는지
추억의 편린片鱗 부여잡고
애원하는 어리석음

아!
꿈결 같은 그리움
세월 가도 떼어낼 수 없는 아픔

가슴 부서져도
지친 그리움은 꿈이 되어
내 안에서 숨 쉰다

4월 그날

4월!
나에게 어른을 만들고
나에게 사랑을 가르쳐 주었고
나에게 꿈을 심어주었습니다

오늘은
당신 꽃바구니 받으려
찾아 나선 길
꿈속을 거닌 듯

사랑하는 마음
주고 더 주어도 아깝지 않은 情
산과 들은 꽃으로 뒤 덮어
가득 안겨주는 내 당신

웃음이 있고
웃음이 없고
기다려도 기다려도
돌아오지 않을 임 마중은

그리움에
가슴으로 울고 있습니다

얼룩진 자국

당신 그리며
곡식에 제비 같다던
시모님 말씀처럼 말끔한 당신
꿈속이라도 만나고 싶어라

창 밝아지니
밤새 붙잡고 몸부림쳐도
당신은 신기루 되어
훨훨 가버리니

아려도
아파도
흔적 없이 가버린
꿈, 아쉬워 눈물지니

밤새
울부짖던
얼룩진 자국
씻어낼 수 있지만

가슴에 자리한 상흔傷痕
씻을 수도
지울 수도 없어
깊게 각인되어 남는다

나를 잊지 않기를

잠 못 이루는 밤
그가 나를 기억하고
잊지 않기를 바라며
들릴 듯 말 듯한 목소리로
그를 불러 봅니다

하지만
다른 세상의 그는
내 목소리도 들리지 않는지
그리움만 남겨두고
나를 깡그리 잊으려나 봅니다

어쩜 그는
내 마음 안에 이렇듯 울리는
애절한 통곡의 소리를
듣지 않으려
귀를 막았나 봅니다

지나온 세월

마음 머문 자리
그대 흔적 더듬으며
그리움에 젖는다

봄 햇살 숨어든 공간
주인 잃은 소장품은
가신님 따라 눈을 감았는지
세월의 더께 둘러쓰고
몸 던져 둔 채 침묵 지키고

당신 아끼고
즐겼던 운동 기구는
그날의 체취 그대로 남아있어
당신 대하듯 안아본다

계절은 가고 또 오지만
우리 함께 한 시간
되돌릴 수 없기에

밤마다
회색 빛 세상에서
기다린다

돌아온 그리움

그리움은 알겠지
목 늘어뜨리고
내 이렇게 못 잊는다는 것을

텅 빈방
구석구석 남아 있는 흔적
가슴은 어제를 묻으려 하고
머리는 추억을 지우려 하지만

마음은
숨겨둔 추억을 만지고

어제로 달음질치다 뒤돌아서
아쉬움에 동동거리는

지우려 해도
문득문득 달려드니
뒤돌아온 그리움 손잡고
살아갈 수밖에!

한적한 가로수

햇살 따사로워
가을 찾아나서니
내딛는 걸음걸음 소슬바람 달려와
살갗을 파고든다

한적한 도심 속
길섶의 가로수는
무성했던 진록을 익히고

가로수 가지마다 걸려있는 바람소리는
눈물로 한 잎 한 잎 떨어내니

세월의 더께 둘러쓰고
보내고 떠나는 가슴앓이
뼛속 골골이 젖어들어
회한에 사무치지만

아린 가슴 달래고 토닥거려
계절의 오고 감에
웃음으로 맞으리

4
내 안의 자유

별도 달도 숨은 밤
커피 잔을 들고 상념에 잠긴다

삶의 여정
무엇이 이토록 힘든 것인지

추억을 반추하며
고독을 질겅질겅 씹어본다

내 안의 자유

날개가 없어 날 수가 없습니다
광대가 줄을 놓아버린 절망처럼
내 안의 나는 어둠이었습니다

비 개인 오후도 햇빛은 들어오지 않았고
내 마음엔 비가 내렸습니다
무엇이 이처럼
세월의 수레바퀴를 멈추게 했는지 모릅니다

자아로부터 멀리 떠나보지만
에고로 이어 온 선은 어쩔 수 없나 봅니다
까만 시공 속에 불면의 밤이 시작되고
밤새 뒤척인 마음은 아픔만 더해갑니다.

방황의 끝은 언제쯤일까?
그리움의 상처 옹이 진 자리엔
파란 새싹이 돋을 수 있을지
기다리다 지친 마음은
내 안의 자유를 찾아 떠납니다.

눈물 새

칼날을 세우고
봄을 시샘하는 꽃샘추위에도

겨우내 기다려 온 매화는
꽃망울을 터트려
그리움을 안는다

오고 가는 이 없는
어두운 회색 빛 성안에
한을 새긴 눈물 새는
그리움의 덫에 걸리고

살아온 세월이
슬픈 전설을 만들어
서러움만 꾸역꾸역 밀어낸다

얼마나 더 울어야
그리움이 되돌아올지

눈물 새는 잔가지에 앉아
슬픈 노래만 만들고 있다

하얀 밤

잠 오지 않아
눈을 감고 숨소리 죽여
무념에 빠지지만
잠은 동구 밖에
졸고 있다

가을 되니
그리움 가슴 헤집고
죽순처럼 돋아 키 재기하는
이 밤이 너무 길다

당신은 어느 별
어느 모퉁이에 있는지
그토록 사랑해주던 내 당신
다음 生 만나자며 확인하던 그 말
지금도 유효한지

그리움만 가득 안겨주고
훌훌 떠나간 당신
이 밤 너무 보고 싶어
하얗게 밤 지새운다

인생 여정

뭉게구름
쪽빛 하늘에 듬성듬성 던져놓으니
빠알간 고추잠자리
서슬 퍼런 하늘을 휘젓는다

하늘은 넓은 가슴으로
세상 힘듦 다 품고
흐르는 구름 배 타고 하늘 노니며
세월 풍류 하는데

인생 여정
쫓기듯 숨 가쁘게 달려보지만
세월의 뒤안길에서
허무의 빈 가슴에 서러움 절구니

뛰어도 발버둥 쳐도
모두가 가는 곳은
한 곳인 것을

늙지 않는 세상

바람결에
달려온 그리움
애써 생각하지 않아도
늘 곁에서 숨 쉰다

부드러운 블루마운틴 향에도
사각거리는 책갈피에도 숨어
문득문득 달려 나와
놀아주라 떼를 쓰는

응석받이 그리움은
시간 속 여행만 조르니
우리는 매일 매일
추억만 먹고산다

우리가 즐기는 회색 빛 세상은
세월도 비켜서니
늙지 않는 푸른 그날에 머물러

행복에 취해
소년 소녀 되어 살아간다

난 이렇게 슬픈데

어느 날
내 의지와 상관없이
나의 곁을 떠나던 날
난 슬픔에 잠겨 하늘만 바라보았다

홀로 산 속을 헤매는 아이처럼
무서워 떨고 있던 마음을
너는 알고 있는지

매일매일 지독한 아픔에
가슴 다 태우며
죽지 못해 살아왔는데

혼자 안고 갈 고통이라면
차라리 내 무덤을 만드는 길이
나을지도 모른다

난 이렇게 아픈데…….

검은 바다

검은 바다
배는 밤을 안고 오사카를 향하고
파도는 철썩이며
애절하게 아픔을 토한다

파도는 능선을 타고
하얗게 부서져 흩뿌리고
은빛 포말은 서러움에 하늘 수놓으니
갈매기도 서러워 창공을 외로이 난다

칠흑같이 어두운 밤
뱃전에 기대어 그리움에 가슴 적시니
길길이 날뛰며 달려드는 파도는
심연에 그리움 빗장 열어
나를 성가시게 한다

내가 그리움을 붙들고 사는 건
그리워서 만이 아닌
그리움 뽑아버리면

텅 빈 가슴으로 살아갈 수 없음이며
나를 지켜갈 버팀목이 없어질 두려움 때문이니

이제는
너와 나의 아름다운 추억
내 마음 안에 눈물만 채우는 너

망각이란 회색 빛 세상으로
이 밤
띄워 보내리

꿈夢

지난밤
죽음 앞둔 꿈
너무도 생생한 앞일을 암시하는 듯
죽음이 두렵지 않았건만
이 허허虛虛로움

문득문득
이 세상 끈 놓고 싶은
진저리쳐 지는 하루였는데
지금의
이 서글픔은 무엇일까

날마다
추억의 책갈피가 해지도록 매만지며
우리만의 언어와
우리만의 추억을 들추던 시간은
그리움보다 힘든 고독은 아니었는지
혼자가 아닌 둘이 되어
하루를 건널 수 있었는데

그 꿈은
지금의 힘든 나를
편히 쉬게 해
주려는 것인지……

아픈 기억

도시의 모퉁이서
떨어져 나온 사금파리처럼
구르고 채인 아픔은
차라리 내가 돌이 되었으면
어느 집 뜰에 앉아 있을 것을

해마다 피고 지는 꽃을 바라보며
예쁘다 말하고
내가 사랑하는 순백의 꽃을 피우는
목련도 바라보며
내 안의 또 다른 내가 울고 있다

캄캄한 어둠은
길 잃은 아이처럼
무서워 떨고 있지만

내 마음에 눈물은
다 흘러가버린 강물인 줄 알았는데
그래도 남아
밤마다 흐르는가

내가 버린
아픈 기억을 안고…….

강물의 울음

강물은 슬픈 사연 안고
아침부터 일어나 울고
나는 강둑에 앉아
흐르는 강물의 울음을 듣는다

밤새 어둠을 흐르던 강물은
슬픔 안으로 숨겨 지친 몸 흔늘거리고
하늘 받치던 산은 힘겨워
강으로 들어가 물속에서 잠든다

강물이 풀어놓은 아린 기억
물밑으로 내려앉고
정화된 맑음은 물안개를 피워
한 폭의 수묵화를 그리니

고요는 그리움 찾아
여울지는 물살 위로 걸어간다

잃어버린 언어들

입도 귀도 없이
해는 산마루에 걸리었다

계절은 바쁘게
고운 옷 갈아입고
고운 노래 부르지만
내 안은 사철 겨울

향 짙은 커피에
그리움 섞어 마시니
심연에 잠긴 언어는
달려와 안긴다

보고 싶다고
힘들다고
토해낸다

갈바람

텅 빈 마음
새록새록 기억 피어
잠을 털어내는 이 슬픈 계절에

밤마다 칼날을 세우고
살점을 떼어내는 아픔은
왜 이리도 서러운지

놓아버린 그리움이야
한 번쯤 뒤 돌아보면 그만인데
또다시 그날로 되돌아가네

시린 슬픔은 뼛속까지 파고들어
더는 참을 수 없어
눈가엔 이슬이 번지고

갈바람은 갈대를 울리고
또 나를 울린다

바람 좋은 어느 날

긴 날들
숨소리도 들킬세라
숨죽여 살아가는
허수아비 빈 가슴의 울림을
오늘도 가슴 쓸어내리며
보자기에 꽁꽁 동여맨다

이 휑한 쓰라림
비 오지 않아도 비를 맞는
젖은 몸 절구며
있는 듯
없는 듯
숨소리도 죽여 살지만

가슴 속에
못다 한 이야기 서러움들
이대로
뭉쳐두었다가
바람 좋은 어느 날
세상 밖으로 보내리라

달무리

풍요로운 밤
동그랗게 둘러앉아 마음 나누며
집안 가득 웃음 피운다

행복한 그림 속엔
있어야 할 사람 보이지 않아도
웃음은 달무리 되어 희망을 만들고
달은 환한 미소로 친구 되자 하네

부딪치는 잔속에 눈물 고이고
비워지지 않는 마음은
또 다른 그리움으로 다가와
아픔은 더하고

달 밝은 밤
고향 떠난 흩어진 마음
철새 되어 찾아드는데
내 님은 길 잃어 돌아올 줄 모르니

짙어가는 가을 밤
멍울 진 앙가슴 속의 덧난 상처는
붉은 낙엽이 되어
그리움으로 여울진다

먼 훗날

어설픈 낙서 하나
만지고 다듬고 혼을 불어넣으면
낙서는 숨을 쉰다

글 갈피엔
고운 우정이 송골송골 자라니
세월의 뒤안길에서
보랏빛 추억 펴놓고

기억조차 가물거릴
너와 나의 추억
'아! 그때 그랬었지.' 고개 끄떡이며

글 속의 향기에
하얀 미소 지으리

빗속의 연가戀歌

빗물은
서러움을 세상으로
추적추적 밀어내며
마음을 쏟아낸다

우리가 사는 세상
사랑하는 일도
아파하는 일도
다 드러내지 못하고

까만 해바라기 되어
태워버린 심장을
알알이 가슴에 묻고
살아가련다

아프게
힘들게
다 태우며

비 개고
햇살이 다가오면
살아야 한다는 마음 주워 담아

오늘을 살아야 한다는 억지 부리며
또 다른 하루를 열어간다

5
이제는 나 울지 않으렵니다

마루에 불을 지펴
소파에서 뒹군 한나절

잠결에
뺨이 따뜻해 눈을 뜨니
겨울 햇살이 마실을 왔다

또 다른
고독의 그림자를 안고.

이제는 나 울지 않으렵니다

내일
당신 만나려니
잠 오지 않아
거울 보며 황토 팩도 하고
당신 좋아할 미소 연습해 봅니다

아침 눈뜨면
그대 만날 수 있기에
가을 산 누워있는 내 사랑
국화 한 송이 들고 가서
나 이렇게 곱게 산다고 말해주렵니다

가을 곱게 물드는
공원묘원에서
샛별 헤이며
아름다움 즐기고 있을 당신
이제는 나 울지 않으렵니다

이 밤 너무 시간 더디어져
여명을 창문에 걸어놓고
당신 만남 설레며

예쁘게 단장하고

이젠
웃음으로 기다립니다

마르지 않는 옹달샘

아침이면
전화는 나를 흔들어
방긋방긋 인사한다

잘 주무셨어요
식사는요
건강은 어떠세요
오늘 나가실 일 있으셔요
아들 문안전화

신혼부터
4년이 넘었는데
지치지 않은 아침 풍경

"어머니는 아들 잘 두어서 복 많으세요"
부러워하는 며느리

세 아들 어미 사랑은
퍼내도 퍼내도
마르지 않는 옹달샘

카멜레온

내 마음 깊은 곳에
카멜레온이 들었는지
얼리고 다독여도 변덕만 심해지네

넓지도 깊지도 않은 내 안에
서러움 담아 놓고
외로움도 담아 두었는지

보이지도 형체도 없는 것이
사랑 담는 그릇은 얼마나 크기에
채워도 채워도 넘칠 줄 모르네

염원念願

가족
모이면 좋아서
정情은 탑을 쌓는다

형아
균아
원아 부르며
쳐다만 봐도 좋은

하나를 부르려면
무의식중에 셋을 불러
좋아 좋아서 헤벌려
오늘이 마지막이 듯

후회 없는 삶
어디 있을까마는
매일 매일이 감사하다

곱게 자라주어서
건강하게 자라주어서
웃음을 주어서

내 세 아들
뜯고 비틀고 헤집지 말고
따뜻한 맘으로 사랑 지펴

형을 동생을
나보다 우리를 생각하며
아름답게 살았으면…….

사랑한다 아들아

며느리 사다준
운동할 때 신으라는
마사이족 신발

아직은
디자인을 우선으로 하는데
뒷굽 없는 투박한 소 발굽
걸으면 뒤로 젖히는
건강에 좋다며 비싸기만 한다지

장남의 의무인지
자상한 성격 때문인지
어미 걱정 태산 만들지만
지 가슴 불구덩이 만들고
자식 걱정에 지옥을 넘나들 터인데

화는 마음 속 깊이 숨겨두고
어미 사랑
가족 사랑으로
지를 버리고 죽이는
파란 마음의 아들 내외

태운 심장
다 날려 버렸는지
비우고 비운다 해도
자식 안으면
지옥 넘나들 터인데

하늘만 쳐다보는 그 아픔
뉘 알며
뉘라서 대신 할까
사랑한다 아들아

미로

햇살 넘쳐
방까지 덤으로 들이밀지만
내 안은 지옥이다

응어리진 아픔
조각조각 찢겨 한숨만 엮고
갈 길 모른 아이처럼
미로를 헤매니

전생에 무슨 인연 자식 되어
아득한 가시밭길
울며 울어도 답 없는지

착한 아들아
이 혹독한 배반의 계절에
탕아의 방랑일지라도
머물지 않는 바람처럼
걸어가 보자

밝은
햇살이 있는 곳으로

메아리 없는 언어

저녁 시간
꿈적이기 싫다

밥통은
불이 켜져 있고
반찬은 묵은 김치

가스레인지는 늘 재워두고
시장은 과일만 가져온다

아들전화
식사는요?
응~ 먹었어
네!
그래 쉬어라

그냥 앉아
지난날 그리워
메아리 없는 언어만 곱씹는다

식탁에 앉은 날

언제이든가

차판에 얹어 컴퓨터 앞에서
마지못해 삼키는 식사
먹기 싫어 망설인다

어머님 사랑

예쁜 옷 입혀주고 싶어
"나이 먹어 키가 커지는지." 하시는 어머니
치마가 짧아지는지, 키가 커지는지
그 때는 몰랐습니다

당신이 만들어준
포플린 흰 블라우스에
감색 밀양지 끈 달린 치마 입고
멋 내던 어린 계집아이
좋아서 웃으면 당신은 행복해 하였는데

나비 달린 고무신 신고
뒤뚱뒤뚱 걸어가면
함박웃음 웃으며
꼭 껴안아주던 자식사랑을
그때는 남다른 줄 몰랐습니다

당신의 웃는 모습 보며
엄마는 다 그런 줄 알았는데
그 때 알았다면 더 예쁜 짓 하였을 텐데
세월 지난 지금에야 알게 되었습니다
큰 사랑이라는 것을

가족

나에겐
소중한 가족이 있다

나를 바라보며
걱정하는 남은 사랑
그동안 마음 잃고 멀리 떠나 있어
가족의 울 밖이었다

소매 깃 부여잡고
내 목숨 당부하고 그리워했던 내 님
아픈 흉터 바라보며
눈물로 지새웠던 지난 세월

이제는 울지 않고
늪에서 나와
따스한 가족 바라보며

얼룩으로 새겨간
기다란 둑길
웃음으로 걷고 싶어라

기도

꼬마 천사
이슬처럼 영롱하고
별보다 더 반짝이는
초록 별 예쁜 내 손자

손 씻다 시야 하면
미안해 능청 떠는 승우
맑디맑은 하얀 미소로
하느님 만나 이야기 나누는 천사 승준
말 배워 재롱부리는 눈이 큰 승민

귀엽고 예뻐서
초록 별 빰에 달콤한 입맞춤을
수도 없이 해 본다

가족사랑

함께 보낸 여름휴가
더 단단한 사랑의 고리는
핑크빛으로 물들인다

아들 며느리 고운 심성
손자의 해맑은 미소와 재롱은
삶에 지친 시간을
마음의 양지에 널어 말리고

가족사랑은
언제나 고운 마음 포개어
훈훈한 정으로 살찌운다

양보하고 서로 이해하고
곰살갑게 챙기는 삼 형제
천륜은 팽개칠 수 없는
하나인 것을

여행지에서
와인 잔을 부딪치며
'늘 오늘처럼 살자' 던 다짐

오래도록
빛나리

사랑의 꽃

하늘 사람
섬길 길 없어
꽃동산을 만든 묘지

화려함은
금쪽같은 자식 해害 된다니
햇빛 숨은 어스름에 달려가서
부숴버린 꽃동산

돌아서는 발길
무서움에 앞서라 밀고 밀던
자매의 고운 향기는
밤 묘지를 뒤덮고

혈육의 뜨거운 정情
세월 가도 시들지 않는
사랑 꽃으로
남으리

잠꾸러기 전화

진종일
수화기는 잠만 잔다

식사는요
잠은 주무시고요
반찬은요
하던 챙김 입 다물고

오늘은 피곤한지
게으름 부리는지
기지개도 켜지 않고
졸고 있다

가만히
실눈 되어 흘겨봐도
노래도 흔들지도
꿈쩍도 않는

괴괴함이 싫어
집 구석구석 흔들어 깨우고
수화기도 깨우니

놀란 막내
전화 속을 걸어 나와
재롱을 부린다

풍성한 식탁

식탁은 작은 시장
마음이 밝은 날이면
이것저것 가지 수를 늘리고
흐린 날은 가게를 접는다

오늘은
쌈 거리도 소담스럽게 담기고
생선도 쟁반에 누웠고
나물까지 곁들였으니
햇빛 쨍하는 날인지

시간 저편의 기억 속엔
토속적인 먹을거리에
도란도란 하루를 열어 놓고
웃음 풀어 큰 장 벌여도
남김이 없었는데

허전한 날은 메마른 마음에
공허만 가득 채우니
그리움 풍성한 식탁이다

소망所望

지난날
삶의 여정 뒤돌아보면
진정 행복했던 날들은
얼마이었을까

삶에 이끌려
수렁에서 허덕여 온 많은 날
숨 쉬는 것조차 힘들어
눈물로 지샌 날들이 얼마이었던가

한고비 넘고 넘어설 때마다
빼저린 서러움 다독이며
팔자고 운명이려니
위로 아닌 위안으로 버텨왔는데

그 아픔의 날들
이젠 책갈피에 끼우며
마음 안에 기쁨을 담으려
소망을 키워본다

어린 내 천사에게
밝은 빛으로
해맑은 미소로
옹이진 자리

새살이 돋게 해달라고
간절한 바람을
가져본다

꼬마 천사

가족 모이면
손자 재롱은 웃음을 풀고
삼 형제 정情은 탑을 높이며
곱살스런 두 며느리 예쁜 짓 한다

부족할 것도
부러울 것도 없건만
해맑은 꼬마 천사는
게으름 피우니

내 아들
고운 마음엔 얼음 뭉쳐
사시사철 시베리아 칼바람 불고
그늘진 마음은 숯검정 만드니

언제 즈음
마음 안에 햇살 들어
참 웃음 지을 날 있을지
답답하기만 하여라

혼자 찾은 병원

가을 병인지
고열에 낮은 혈압으로
그래도, 살아야겠기에 병원을 찾았다

가족 번거롭게 하지 않으려
지갑 하나 들고 혼자 누운 병실
흰 침상에 묻혀 꿈속만 헤매이네

보호자 없는 환자 걱정에
가족 전화번호 묻지만
비몽사몽에 번호도 생각나지 않아
죽은 듯 있으니

애처롭게 보였는지
간호사는 여럿 쓰는 방 권하고
그냥 있겠다 했는데도 수간호사 또 권하는 친절
병원은 가족 부축 받아가야 되는 곳인지
과연, 환자를 위한 염려일까?

벽에 걸린 시계는
혼자가 아니라는 듯 같이 팔딱거리며 숨 쉬고
링거는 깃발처럼 갈고리에 매달려
노란 눈물 떨궈낸다

없어진 어미 찾아
이틀 만에 정신 차려 받은 전화
목청 가다듬어 밝은 목소리로
친구들과 재미나게 놀고 있으며
내일 여행 나간다고 했지만

어미 마음 훤히 꿰뚫고
아픈 음성 감지하여 병원마다 알아보고
휴가 내어 우르르 달려온 아이들
나에게도 가족은 있었다

■ 축사

참다운 인생을 음미하는 순수한 소녀 같은 시인

임 수 홍
(수필가, 한국국브문인협회 회장)

토요일 오후, 사무실 유리창으로 바라보는 가을비는 다가올 겨울 손님을 위해 그동안 먼지 낀 일상을 깨끗이 씻어 내리는 듯합니다. 이렇게 계절의 변화에도 과거의 자신을 뒤돌아보고, 새로운 내일을 준비하는 자기성찰과 마음의 다짐이 필요합니다.

그동안 번잡한 마음의 풍랑을 헤치고 문학이라는 제2의 인생 목적지에 흔들림 없이 다가가는 多仁 全美也 시인의 첫 시집 "이제, 울지 않으렵니다"의 출간을 진심으로 축하드립니다.

첫 시집 출간은 시인인 자신의 존재를 세상에 알몸으로 내보이는 행위예술과 같습니다. 全美也 시인의 시를 읽어 보면, 꼭 스무살 언저리의 청년이 되어 열일곱 여고생을 그리는 순수한 마음처럼 깨끗하고 청아한 숲속을 조용히 사색하는 기분이 들 정도로 편안해집니다.

시란, 그동안 자신이 살아오면서 몸이나 마음으로 보고 느꼈던 엑기스를 표출하는 작업이기에 그 사람이 쓴 시를 보면, 그 사람이 살아온 인생을 알 수 있다고 흔히 말합니다. 多仁 全美也 시인의 인생의 발자취를 투명 유리 속에서 우리가 쉽게 볼 수 있는 것도 거짓 없이 시 속에

全美也 시인의 삶이 녹아있기 때문입니다.

그동안 3년이라는 긴 시간 동안 슬픔의 장막에서 혼자였다면, 이제는 모든 사람들이 슬픔의 장막을 걷는데 동참하여 全美也 시인과 모든 것을 함께 나누고, 희망의 거리를 손을 잡고 함께 걸어가는 아름다운 모습이 우리들의 미래가 될 것입니다.

앞으로 多仁 全美也 시인은, 독자와 마음을 터놓고 함께 할 수 있는 시인, 독자가 기억하는 시인, 독자에게 사랑받을 수 있는 시인이 되기 위하여, 언제나 미소를 머금은 채 읽을 수 있는 우리가 살아가는 모습을 잔잔하게 그려나갔으면, 하는 간절한 바람을 가져봅니다.

작품해설

순진무구한 그리움과 섬세한 시詩의 세계世界

이 상 범

(시인, 남해문학회 고문)

全美也 詩人의 시를 감명 깊게 읽었다. 全美也 시인의 시에서 우리가 느낄 수 있는 것은 오직 순진무구純眞無垢이다. 청순하고 해맑은 한 포기의 난초와 같은 그런 시를 만들어 내었다. 시인은 자연에 대한 날카로운 관찰력으로 사물을 직설 혹은 간접적으로 묘사描寫를 했으며 그리고 담백하고 솔직한 마음으로 사물을 바라보면서 그의 내면內面의 세계를 숨김없이 조화롭고 아름답게 표현해 내고 있다. 사물을 바라보는 관점 역시 남다르게 사랑과 진실로써 깊은 내면의 세계를 통해 통찰력洞察力 있게 뚫어봄으로써 사물의 생명력을 갖게 하여 생동력 있게 표출해 내면서도 현란하거나 난해하지도 않고 사실적寫實的인 의미를 자아내고 있다.

사물에 비겨 자신의 즐거움이나 괴로움을 적절히 형상화하여 더욱 예리하고 섬세한 아름다운 문장을 실감나게 만들어 가는 수법이 다양하고 특이하다고 본다.

다음으로는 인간에 대한 그리움을 구구절절 애절하게 여인이 겪어야

만 하는 심정을 글로 잘 묘사하여 인간과 사랑, 남자와 여자간의 사랑, 부부간의 사랑의 의미를 잘 가르쳐주는 시인이라고 본다. 그러면 그가 고뇌苦惱 속에서 한 땀 한 땀 엮어서 주옥으로 만들어 낸 독특한 시를 살펴본다.

소슬 바람
산자락을 내려오면
님 그리워 먼 산을 가슴에 넣는다.

물빛처럼 푸른 하늘
뭉게구름 배 띄어 하늘 유영遊泳하고
야위어진 억새 서걱이며
가을 속을 춤 사위하니

허수아비 빈 가슴
그리움 앓이에 떨어질 듯 붙어있는
추억의 편린 부여잡고
어두운 밤을 머리에 이고 지새우니

그리운 이여
이제는 이토록 절절하게 오지 말고
바늘 쌈 세운 아픔 숨겨
연보라 빛 미소 짓게

아름다웠던

장미 빛 기억으로 오소서!

-시 <가을 그리움> 전문

위의 시 "가을 그리움"의 시는 일 년 중에서 가장 친근감親近感이 있고 포근함과 넉넉한 마음을 심어주는 계절이며 그리움의 계절인 가을을 대상으로 하였고 텅 비워 있는 시인의 가슴에 그리움을 가득 채우려하는 시인의 마음이 아름답기만 하다. 가을의 소슬바람이 산허리를 따라와 옷깃에 부딪힐 땐 그리운 임이 그리워 저렇게 큰 맑은 산을 가슴에 넣는다는 표현은 정말 아름다운 산을 좋아 하면서 산을 그리운 임과 동격화同格化하고 있다. 물빛처럼 푸른 하늘은 바로 티끌하나 없는 청명淸明한 가을의 하늘을 뜻하고 있다.

너무나 그리워하는 이를 그리워 가슴앓이 하는 조그마한 추억에 붙잡혀 밤을 지새우니 "아픈 추억과 나쁜 추억은 숨기고 아름다웠던 추억인 연보랏빛 추억과 미소로 그리고 아름다웠던 장밋빛 좋은 기억"으로만 오소서! 로 귀결歸結하고 있다. 매우 활달한 것 같으면서도 세밀하고 섬세한 여성의 본능적인 시상詩想을 구축해낸 빛나는 작품이 아닐 수 없다. 다음의 2부의 시에서 全美也 詩人의 자연애의 사상이 잘 나타나 있는 시를 살펴본다.

회색 옷 입은 하늘!
간밤에 무슨 일 있었는지
찌푸린 얼굴로 내려 앉아
이슬을 매단다.

우리네 삶이란
참고 참으며 인고忍苦의 세월 보내건만
하늘은 카멜레온 되어 맘대로 할 수 있으니
하늘은 좋겠다.

화나면 우레 같은 호통치고
서러우면 통곡도 하고
세상이 싫으면 부숴버리기도 할 수 있으니
하늘은 좋겠다.

누군가 그리운 날이면 달도 그리고
고요를 만들어 사색하는
가슴이 시리면 뜨거운 해를 그려 데울 수 있으니
하늘은 좋겠다.

즐거우면 산들바람 만들어 부채질하며 노래 부르고
오색영롱한 별을 수놓아
초롱초롱 꿈을 심을 수 있으니
맘대로 할 수 있는 하늘은 좋겠다.

- 시 <하늘은 좋겠다> 전문

위의 시 "하늘은 좋겠다."의 시는 인간은 모진 세파世波에서 온갖 고뇌苦惱를 겪으면서 살아간다. 그러나 하늘은 절대자로서 대단한 위력威力를 가지고 있다. 자기가 하고 싶은 것은 다 누리고 있다. 이 위대한 절대자인 하늘을 의인화擬人化하여 하늘에 비교하여 인간의 나약성懦弱性을 솔직하게 사실적寫實的으로 잘 묘사描寫해 나가고 있는 절대자의 권위적權威的인 시라고 본다. 하늘은 무서운 힘과 자연을 자유자재로 다스릴 수 있으며 온갖 곤충을 긴 혀로 마음대로 잡아먹을 수 있는 능력을 가지고 있으면서 자기의 방어능력이 뛰어나고 주위의 적응력 역시 뛰어난 '카멜레온' 을 대유代喩하여 묘사하고 있다. 곧, 하늘은 '카멜레온'이다. '카멜레온'은 몸이 날렵한 행동을 하는 동물로 다른 작은 동물들이 무서워하는 동물이다. 이 시에서 시인은 한 인간을 대표해서 이런 위대한 절대자에게 나약한 한 인간은 순종을 해야 한다는 자연의 순리를 말하고 있는 것이다. 그리고 그 힘을 두려워하고 있는 것이다.

한 인간으로서 삶의 고뇌 그 자체 즉, 인간이 걸어가야만 하는 가시밭길 같은 어려운 현실을 절대자인 하늘과 대조對照하여 묘사하고 있다. 인간과 대자연과의 대조적對照的인 면에서 볼 때 인간의 나약성과 자연의 위대성을 시인은 확연히 비교하면서 대자연 순리에 인간은 순종, 아니 적응해야 한다는 자연의 질서秩序와 섭리攝理를 말하고 있는 것이다. 그리고 시인은 연약한 여성이다. 여성이기에 절대자의 힘을 부러워하고 있는 것 같은 심정임을 엿 볼 수 있다. 모진 세파 속에서 혼자 산다는 것은 힘든 일이다. 그리고 仝美也 시인은 자연주의自然主義 시인이기도 하다. 자연 애찬론자이기도 한 시인이다. 시인은 자연에 대한 시를 많이 쓰고 있으며 자연을 너무나 사랑한다는 이야기도 들었다.

3부의 시에서는 사랑하는 남편을 하늘나라로 보내놓고 남편의 사랑을 잊지 못하고 추억을 되새기며 늘 남편을 그리워하고 있는 여인의 애절한 사랑의 시라고 본다.

그가 보고 싶어
허공을 올려다보는 버릇도
멀리 창밖 보며
눈물 삼키던 날들도
이젠 조금씩 조금씩 줄어간다.

잠들 때도
불을 끄고 잘 수 있고
속옷으로도 잠들 수 있어
이러 듯 세월가면
잊히고 묻어가게 되는 건지

아! 벌써 3년
어제 같은 그날들이
365일을 세 번이나 넘겼으니
이제는 그와 함께했던 날들은
속절없이 세월 속에 묻는구나!

-시 <그대 떠난 자리> 전문

시인 全美也씨의 드맑고 아름다운 고귀한 사랑의 시심은 너무나 애처롭게 보인다. 남편과 사별死別을 하고부터 날마다 멀리 창밖을 바라보며 눈물을 삼키며 괴롭게 살아온 일들이 너무나 측은惻隱해 보인다. 그러나 아내가 남편을 그리워하는 아름다운 사랑의 시심은 존경할 만하다.

요즘의 물질문명이 발달하여 하루의 삶이 고단한 이 험한 세상에 全

美 也 시인처럼 이렇게 떠나보낸 남편을 그리워하면서 하루를 견디기 어려워하는 여심女心은 존경할 만한 일이 분명한 것이다.

사랑하는 사람을 하늘나라에 떠나보내고 난 후의 심정心情은 겪어보지 않은 사람은 이해할 수 없는 일일 것이다. 사랑하는 이를 잃고 끝내 눈물을 삼키면서 눈물을 보이지 않고 의젓함을 잃지 않으려는 안간힘이 이 시에 잘 나타나 있다. 어쩔 수 없는 그리움과 간절함이 '그대 떠난 자리'의 시에서 읽는 이의 가슴을 슬프게 만들고 있다. 全美也 시인은 여자이고 가냘픈 여성이기에 누구에게도, 자식에게도 이 그리움을 말 못하고 가슴을 움켜쥐고 살아온 삶이 잘 묘사되어 있다. 3 년이란 긴 세월, 아니 全美也 시인에게는 10년과 같은 긴 세월이었을 것이다. 그 세월을 눈물로 밤의 긴 시간을 헤아리며 살아온 인생의 시라고 본다.

3년이란 긴 세월이 시인 본인에게는 아픔의 세월이었겠지만 또 한 편으로는 연약한 마음의 밭을, 단단하고 아름다운 인생의 삶의 버팀목이 될 수 있는 문전옥답을 일구어낼 수 있는 기간이었을 줄 모른다. 그래서 이제는 잠들 때도 불을 끄고 잘 수 있고 외출복을 벗고 마음 편하게 속옷을 입고 편안히 잠들 수 있는 시인의 평온한 마음이 잘 나타나 있다. 한마디로 보면 세월은 약의 역할을 했다고 볼 수 있는 것이다. 세월은 인간을 지도해주는 스승이기도 하지만 연약한 마음을 치료를 해주는 의사이기도 한 것임을 이 시에서 여실히 보여주고 있는 것이다.

제 4부의 시에서는 그리움과 슬픔을 좀 더 성숙되게 표현을 한 시라고 본다.

날개가 없어 날 수가 없습니다.

광대가 줄을 놓아버린 절망처럼
내 안의 나는 어둠이었습니다.

비 개인 오후에도 햇빛은 들어오지 않았고
내 마음엔 비가 내렸습니다.
무엇이 이처럼
세월의 수레바퀴를 멈추게 했는지 모릅니다.

자아로부터 멀리 떠나보지만
에고로 이어온 선은 어쩔 수 없나 봅니다.
까만 시공 속에 불면의 밤이 시작되고
밤 새 뒤척인 마음은 아픔만 더해 갑니다.

방화의 끝은 언제쯤일까?
그리움의 상처 옹이진 자리엔
파란 새 싹이 돋을 수 있을지
기다리다 지친 마음은
내 안에 자유를 찾아 떠납니다.

- 시 <내 안의 자유> 전문

全美也 시인은 점점 차원 높은 시의 세계로 발전하면서 묘사를 하고 있다. '내 안의 자유'의 시를 자세히 살펴보면 날개가 없어 날 수가 없고 광대가 멋지게 줄을 타던 줄을 놓아버린 절망에서 내 안에 어둠, 즉 절망絶望이 닥쳐오던 시절의 삶을 어려운 시를 통해서 아름다운 삶의 현장

으로 잘 승화昇華시킨 시라고 본다. 비가 개인 오후에도 햇빛이 들어오지 않음은 사랑하는 이를 잃고 사랑하는 그리움을 마음속에서 씻어버리지 못해 마음속의 구속拘束에서 벗어나지 못하고 있다. 비 개인 오후에도 햇빛이 들어오지 않음은 오직 절망 속에서 자기 자신을 이해하지 못하고 어둠과 같은 슬픔만을 감당할 수가 없는 시인의 마음을 알 수가 있다. 자아로부터 멀리 떠나보려고 하지만 '에고로 이어온 선은 어쩔 수 없나 봅니다.' 에서 살펴보면 '자기 자신의 의식세계意識世界에서 무의식세계無意識世界로 탈피하려고 하지만 역시 의식의 세계로 돌아와 다시 아픔을 생각하게 한다는 것은 시인 자기 자신이 그리움의 굴레에서 벗어나지 못하고 있음을 알 수가 있다. 그러고 남편과 자식에 대한 사랑과 모든 그리움이 시인 자신이 자기 자신을 놓아주지 않고 있음을 알 수 있다.

그러나 시인 자신은 떠나보낸 남편과의 사랑이 없는 공허空虛한 자리에 허전함과 그리움이 너무나 지극해 정신적인 억압抑壓으로 변해 마음을 지배支配하고 있는 것임을 알 수 있다. 그러나 시인의 의식세계에서는 이 그리움의 굴레에서 벗어나려고 안간 힘을 다하고 있음을 알 수 있다. 마지막 행에서 '내 안의 자유' 를 찾아 떠납니다. 에서 그는 강한 의지意志를 보이면서 억눌리고 있는 그리움에서 자유를 찾으려고 애를 쓰고 있는 모습이 보이고 있는 것이다. 시인자신도 그리움의 속박에서 의식적으로는 벗어나고파 몸부림치고 있음을 알 수 있다.

5부의 시에서는 그리움에 지쳐 눈물을 삼켜왔지만 이제는 좀 더 성숙되고 모진 세파에 시달려 단련된 여성임을 나타내는 시라고 말하고 싶다.

내일
당신 만나려니
잠 오지 않아
거울 보며 황토 팩도 하고
당신 좋아할 미소 연습해 봅니다.

아침 눈 뜨면
그대 만날 수 있기에
가을 산 누워 잇는 내 사랑
국화 한 송이 들고 가서
나 이렇게 곱게 산다고 말해주렵니다

가을 곱게 물드는
공원묘원에서
샛별 헤아리며
아름다움 즐기고 있을 당신
이제는 나 울지 않으렵니다.

이 밤 너무 시간 더디어져
여명을 창문에 걸어놓고
당신 만남 설레며
예쁘게 단장하고
이젠 웃음으로 기다립니다.

- 시 <이제는 나 울지 않으렵니다> 전문

全美也 시인은 남편에 대한 애정이 너무나 깊어 보인다. 그 깊은 애정이 문제가 되는 것 같다. 신라시대 박재상의 부인은 일본에서 돌아오는 남편을 만나기 위해 매일 동해의 바닷가 치술령의 높은 언덕에 나가 돌아올 수 없는 남편을 기다리다 지치고 지쳐버려 망부석이 되었다는 이야기가 있다. 全 美 也 시인도 저 먼 세상으로 떠난 가신 남편을 못 잊어 날마다 밤마다 기다리고 있는 시인이다. 매일 자신이 자신과의 만나자는 약속을 해놓고 기다리는 그 심정 정말 남편에 대한 애정이 지극하신 시인이다.

이 시에서는 공원묘소에 가겠다고 약속을 했다. 그래서 전날 밤은 그날을 기다리는 즐거움 때문에 잠도 오지 않아 그동안 그리움으로 인해 야윈 얼굴을 보여주지 않으려고 황토팩도 하여 얼굴을 예쁘게 단장하고 남편을 반길 얼굴 표정까지 연습을 하는 치밀한 애정은 한국여인이 아니고서는 볼 수 없는 풍경일 것이다. 아침에 일찍 일어나견 예쁜 국화꽃 한 송이 들고 남편이 살고 있는 궁전인 묘소에 가서 나 이렇게 꿋꿋하게 열심히 살고 있다는 모습을 보여주고 싶은 강한 의지意志가 잘 표현되어 있다. 빨리 만나야 한다는 조바심에서 내일을 조급하게 기다려야 하는 초조한 마음은 마치 아이들이 할아버지와 할머니에게 세배 돈을 타기 위해서 설날을 기다리는 것과 같은 심정이었을 것이다.

이번 만남에서는 남편에게 다른 모습을 보여주려는 시인의 속 마음을 3연의 시에서 확실히 알 수 있었다. 이제까지는 남편의 그리움 때문에 매일 남편이 돌아오기만을 울면서 기다렸지마는 인제부터는 '나 이제 울지 않으렵니다'를 강조하여 말하려고 다짐을 하고 있다. 또 다르게 생각해 보면 반어적反語的이고 역설적逆說的인 표현으로도 볼 수 있는 것이다. 그렇다면 도저히 남편을 보내지 못하겠다는 표현도 될 수 있는 것이다. 그리고 내면의 세계를 분석해 보면 자기도 남편이 있는 곳으로 가고 싶은 의향意向도 있어 보임을 독자들은 생각할 수도 있을 것이다.

그러나 全美也 시인은 보수적保守的인 환경에서 자란 영향으로 마음이 여리고 유순柔順하여 남편에 대한 존경심과 사랑이 여느 여인보다 깊은 분으로 해석이 된다. 그래서 시인은 또 가족사랑에 대한 시를 많이 썼다. 자식들을 사랑하기에 외로움을 느껴 혼자서 흐느끼면서도 자식들에겐 누가 될 것 같아서 그저 잘 있다고만 말하고 있다. 때론 몸이 아파 병원에 입원을 하여 있음에도 자식들에게 걱정을 주지 않으려고 아프지 않은 척하여 떨리는 음성으로 잘 있다고 말하자 자식들은 눈치로 어머니가 아파하는 음성을 알아차려서 병원으로 즉시 내려와 어머니의 병문안을 드리고 간호를 했다는 사실을 '가족 시'를 통해서 우리는 잘 알 수 있는 것이다.

全美也 시인은 가슴을 열어 저 높은 창공을 바라보며 깊은 인내로써 먼 미래를 향하여 성실히 살아온 분이시다. 오늘 이 처녀시집을 만들어 냄을 진심으로 축하드린다. 문인의 한 사람으로 부단한 노력과 열정에 감탄을 하지 않을 수 없다. 앞으로 全美也 시인은 좋은 작품을 계속 쓰고 모아서 제2집을 탄생시켜 주길 독자들과 약속을 하고 건강과 행운이 항상 함께하시길 바랄 뿐입니다.

이제, 울지 않으렵니다

전미야 시집

초판인쇄 2008년 12월 5일
초판발행 2008년 12월 10일

지은이 전 미 야
펴낸이 임 수 홍
발행처 도서출판 국보
등록 2006년 7월 6일 제 324-2006-0023호
주소 서울시 강동구 길동 395-3 2층
전화 02-476-7260 / 476-2757
전송 02-476-2759
이메일 kbmh11@hanmail.net
홈페이지 http://cafe.daum.net/lsh19577

값 8,000원

ISBN 978-89-93533-02-6 03810